QUESTION DE COCHINCHINE

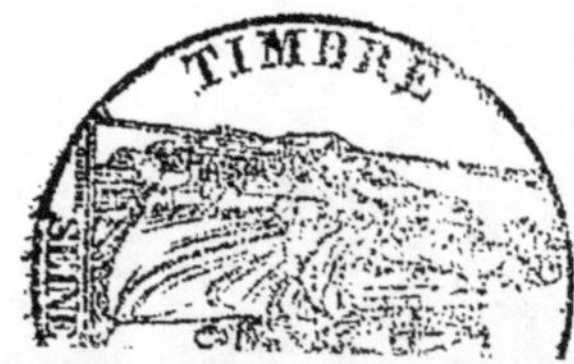

QUESTION DE COCHINCHINE

APERÇU

SUR

LE CAMBODGE

ET SUR

LE LAOS

PAR M. GELLEY

PARIS

Typ. VERT Frères, rue du Pourtour-St-Gervais, 8

—

1865

QUESTION DE COCHINCHINE

APERÇU

SUR

LE CAMBODGE

ET SUR

LE LAOS.

De nombreuses brochures ont été publiées sur la Cochinchine ; mais aucune d'elles ne traite la question à son véritable point de vue. Les auteurs de ces opuscules bornent leurs horizons aux six provinces de la Basse-Cochinchine, et laissent dans l'ombre le Cambodge et le Laos, sans se douter même que ce n'est que par ces pays que notre nouvelle conquête est appelée à devenir, sans aucune difficulté, une des plus riches, une des plus puissantes colonies du monde. Ils ne nous présentent le Cambodge (ils sont muets sur le Laos, et pour cause) que comme un point imperceptible sans importance aucune, un pays nul, enfin. Cependant, nous, qui le connaissons, qui en avons fait une étude particulière, non pas de notre chambre ou par ouï dire, mais bien sur les lieux mêmes et par nous-même, nous pensons autrement; mieux encore, nous sommes convaincu que ce n'est que par le point imperceptible (beaucoup plus grand que la Basse-Cochinchine) que notre colonie peut prospérer et grandir, *rivaliser avec l'Inde, faire tomber l'influence anglaise en Asie et neutraliser l'importance des possessions britanniques de Singapoor, Hong-Kong et Shang-Haï.*

Nous pourrions entrer dans de grands développements et prouver mathématiquement nos assertions. Mais comme nous ne voulons consacrer, quant à présent, que quelques pages seulement à cette importante question, afin d'être clair, précis et court, nous passerons rapidement sur les différents règnes, et nous n'en n'examinerons que les principaux éléments, de manière à bien faire connaître l'importance, la richesse et l'abondance de ces pays, malheureusement trop ignorés de nos industriels, de nos commerçants français.

Quant à la question politique, nous prierons nos puissants lecteurs, pour qui cette brochure est faite, de suivre notre raisonnement, en jetant un coup-d'œil sur la carte générale de l'Indo-Chine.

QUESTION COMMERCIALE.

—

Outre les diverses branches de commerce qu'on peut facilement exploiter au *Cambodge* et au *Laos*, il existe encore dans ces pays d'immenses ressources commerciales et industrielles, surtout au point de vue des échanges et de l'agriculture.

Sans entrer dans tous les détails de cette question, nous dirons seulement que les productions sont faciles, que les mines sont riches, abondantes et productives, et que les lacs, fleuves et rivières produisent une énorme quantité de poissons; ce qui permet de réaliser d'importants bénéfices, surtout à l'époque de l'année où commence la pêche. Ces poissons, séchés et salés, sont, avec le riz, la seule nourriture des habitants de ces contrées et des états voisins.

La quantité de poissons salés qu'on exporte du Cambodge en Cochinchine, en Chine, à Bang-Kok et à Singapoor, est incroyable : l'on s'en aperçoit peu à Saïgon, parce que toutes les cargaisons passent par le fleuve de Chaudoc. Les Chinois y font des affaires magnifiques. Ils vont prendre le sel dans les salines de Bassak (province appartenant de droit au Cambodge, mais envahie par les Annamites après la prise des lignes de Kioha), puis se rendent au grand lac *Talé-Sab* et troquent un quintal de sel contre un quintal de poissons préparés.

Cette pêche pourrait se faire sur une plus grande échelle : un ordre du Roi n'aurait qu'à interdire la prise du frai que les Cambodgiens vendent en abondance sur les marchés, et, l'année suivante, cette branche de commerce prendrait un développement considérable.

En important du sel dans le Laos, qui en manque complètement, on réaliserait de gros bénéfices.

Nature des terres. — Défrichement. — Culture du coton.

Les terres du Cambodge et du Laos sont richement appropriées pour l'agriculture et l'horticulture. De nature argileuse, marneuse et sabloneuse, dans des mélanges à divers degrés, ces terres (d'une croûte arable de 50 à 60 centimètres) sont toutes propres à la culture du coton, de l'indigo et du tabac. Aucune difficulté ne se présente pour leur défrichement : un climat sain, point de marais à dessécher, point d'irrigations à faire. Pendant la saison sèche, on met le feu aux broussailles et aux hautes herbes qui envahissent les deux tiers au moins du pays ; puis on n'a plus qu'à gratter le sol pour le préparer à recevoir les semences. Les bœufs et les buffles ne manquent pas pour cette opération. Et tous ces préparatifs, qui demandent dans nos autres colonies un temps infini et des sommes colossales. peuvent se faire ici rapidement et à très-peu de frais.

Enfin, tous les éléments possibles sont sous la main : moyens économiques, facilité de défrichement, nature du sol, abondance d'eau, conditions du climat, main-d'œuvre ; tout enfin est assuré pour une bonne et prompte réussite.

Le coton est une des plus importantes branches du commerce cambodgien. Tous les indigènes s'adonnent à cette culture dans les limites de leurs moyens. Les négociants chinois s'empressent de l'enlever ; ils l'achètent même sur pied et apportent en échange de mauvaises cotonnades anglaises qu'ils vendent fort cher.

Pendant mon long séjour au Cambodge, en 1861 et 1862, je me suis spécialement occupé de cette plante textile et des possibilités d'y établir, en temps opportun, de vastes cultures cotonnières. Après un mûr examen de plusieurs mois, j'eus la certitude que le Cambodge pourrait devenir, concurremment avec les provinces de Saïgon, de Mithô, de Winglong et de Chaudoc, un grenier abondant pouvant assurer un approvisionnement constant et régulier à notre industrie manufacturière.

Il y a au Cambodge proprement dit, et sur tous les abords du grand fleuve Mé-Kong jusqu'au-delà des pro vinces de *Stung-Trang* et de *Peam-Chilang*, plus de 100,000 hectares de terrains en friches, sans produit aucun pour le Roi. — La culture en coton de ces 100 mille hectares peut produire annuellement 40 millions de kilogrammes d'un coton égal, sinon supérieur au coton de la Louisiane, et, par conséquent, alimenter la moitié du marché français.

La consommation du coton, par les filatures de France, représente environ 86,650,000 kilogrammes, et aujourd'hui une dépense annuelle de quatre à cinq cents millions.

Le coton de la Basse-Cochinchine est loin de valoir celui du Cambodge : cela dépend de la nature des terres, qui sont d'une infériorité bien marquée.

Animaux. — Productions. — Minéraux. — Langue.

La faune du *Cambodge* et du *Laos* est fort riche. Les bœufs et les buffles en abondance sont dressés au labourage des terres et au transport des voitures. Les chevaux sont en grande quantité.

A l'état sauvage on distingue : l'élan, le cerf, le daim, le chevreuil, le sanglier, le bœuf, le buffle, l'éléphant. le tigre royal, le chat-tigre, la panthère, le léopard et le rhinocéros qu'on rencontre plus particulièrement dans le haut du grand fleuve, et surtout chez les Penongs (Bas-Laos), où il y a aussi des chèvres sauvages.

Les principales productions sont : le *coton*, le *tabac*, l'*indigo*, la *gomme-gutte*, la *gomme laque*, les *cires d'abeilles*, les *cires végétales*, le *cardameum*, le *curcuma*, le *morack*, le *chanvre*, les *résines*, les *écailles de tortue*, les *huiles de poisson*, l'*ivoire*, des *bois* superbes qui peuvent fournir les plus beaux matériaux aux constructions navales, et enfin la *soie*.

La soie cambodgienne est reconnue par les Chinois eux-mêmes comme supérieure à celle de Chine.

Le morack n'est autre que le vernis laque du Japon.

Le curcuma est une racine bulbeuse et charnue, d'un beau jaune d'or et qui sert à teindre les étoffes.

Un autre produit important et inconnu des indigènes, c'est la stéarine, qu'on peut extraire des huiles de poissons dont les Cambodgiens se servent pour leur éclairage. Ces huiles sont tellement riches en stéarine et en margarine que, malgré la haute température du climat, elles se figent en très peu de temps. Rien qu'avec les détritus de poissons, on peut faire, pendant 4 mois que dure la pêche, plus de 200 barriques d'huile.

Les peaux et les cornes de bœufs et de buffles peuvent être l'objet d'un grand commerce.

Les plantes médicinales et vénéneuses, et les poisons de toute espèce sont en grande quantité.

On trouve au Cambodge de l'antimoine, des carrières d'albâtre, de l'ocre, de l'alumine, du kaolin et de la chaux.

Les montagnes de Battombong (frontières de Siam)

renferment de l'or en quantité, et celles de la tribu des Kouys, situés à l'est du grand-Lac, abondent en houille et en fer remarquable, qui paraît être un acier naturel.

En remontant le grand fleuve jusqu'à Sombock, au-dessus des premières cascades, on entre dans le pays des Penongs (Bas-Laos), où l'on trouve des mines *d'or*, de *cuivre*, de *houille*, de *fer* ; puis, un peu plus haut, de l'argent, du platine, du plomb, de l'étain et des pierres précieuses, particulièrement les rubis et les topazes.

Si le Laos était connu des Européens, il deviendrait nécessairement une nouvelle Californie.

Le climat du Cambodge et du Laos est sain et salubre. Les habitants y sont doux et affables envers les étrangers et n'ont aucun fanatisme religieux.

Les mœurs douces des Cambodgiens et des Laotiens les portent à se grouper autour d'un centre commun qui pourrait leur offrir toute garantie de calme et de prospérité pour l'avenir.

La langue cambodgienne ou Kemer est facile et d'une prononciation douce. Elle n'a ni déclinaisons, ni conjugaisons; on y supplée par la disposition des mots. Les mots peuvent être pris comme substantifs, adjectifs, verbes, adverbes. Les expressions varient suivant à qui l'on parle. L'écriture est correcte et belle. En trois ou quatre mois on peut apprendre cette langue ; puis deux mois d'études sérieuses suffisent pour la lire et l'écrire.

Les Cambodgiens et Laotiens sont de la secte de Boudha.

Le Laos n'a pas de langue proprement dite. Les habitants parlent un dialecte qui varie suivant les provinces, et qui se compose en grande partie de mots cambodgiens, kiams, siamois et annamites.

Avantages de la fondation de factoreries françaises au Cambodge et au Laos.

Malgré le manque de renseignements exacts et précis sur le Cambodge et le Laos, nous pouvons prouver, nous qui nous sommes permis de soulever, à nos risques et périls, ce voile épais et lourd dont ou a entouré sciemment ces riches et fertiles pays (et pour cause), que ces contrées magnifiques, exploitées sur une grande échelle par le commerce français, peuvent devenir en *peu de temps* et à *peu de frais* une source incalculable de richesses pour la France.

Nous allons résumer en quelques mots les immenses avantages tant pour les indigènes du pays et de Saïgon, que pour la Métropole, de la fondation d'un vaste établissement commercial situé au Combodge même, opérant dans de grandes proportions, et dont le résultat ferait naturellement disparaître *l'importance du fleuve de Chaudoc par lequel s'écoulent journellement les précieux produits de l'intérieur, qui vont à Bassack, où ils sont ensuite chargés sur des joncques chinoises, lesquelles les transportent à Singapoor, à Bang-Kok ou à Hong-Kong, sans contrôle du gouvernement de Saïgon.*

Le siége principal de l'établissement serait à *Phnôm-Penh,*ville principale et clef du Cambodge, où viennent forcément s'écouler tous les produits de l'intérieur. Ces produits, accaparés par la Compagnie française, seraient dirigés sur Saïgon. Ils ne passeraient plus par Bassack, et, par conséquent, incomberaient exclusivement au commerce français.

Trois parties sont éminemment intéressées à la réalisation de ce projet ; ce sont :

1• L'indigène qui, trouvant un écoulement facile à ses produits et, sûr alors de les vendre à un prix raisonnable, s'adonnerait à l'agriculture. Dès-lors, ces vastes contrées du Cambodge, aujourd'hui en friche, se transformeraient rapidement en de belles plantations ; les Annamites, les Chinois, qui sont un peuple industrieux et d'excellents agriculteurs, y viendraient en foule.

2º La colonie de Saïgon, par l'augmentation des contributions de toute nature, prendrait une extension et une importance considérables , qui deviendraient la garantie de sa durée ; et les navires anglais et les jonques chinoises, qui, dans le port cambodgien de Compot et à Bassack, y prennent des chargements considérables, seraient obligés, ne trouvant plus alors aucun produit, de venir charger à Saïgon.

3º La France, enfin, qui, recevant toutes ces richesses sur ses marchés, trouverait un échange facile et l'écoulement de ses produits, sans avoir recours aux Comptoirs anglais, lesquels regorgent de produits étrangers, tandis que les nôtres en sont totalement dépourvus.

Maintenant, en généralisant les choses et en les considérant sous un point de vue plus élevé, on comprendra que les indigènes, liés par des rapports d'intérêt avec les Français, nous prêteraient un puissant appui dans le cas où le gouvernement de l'Empereur aurait à décider sur des questions plus graves.

Mais nous pensons que, pour arriver à engager les capitalistes français à jeter, le plus promptement possible, les fondements d'une colonie toute française, il faudrait que le Gouvernement lui-même prît l'initiative, en accordant des priviléges et des concessions, sans lesquels nos trop craintifs et trop casaniers capitaux ne voudront jamais s'exposer dans un pays si éloigné de la métropole, et où jusqu'alors on n'a trouvé aucune garantie sérieuse.

QUESTION POLITIQUE.

—

Cambodge.

Le Cambodge est borné au nord par le Laos et le royaume de Siam, à l'est par la Cochinchine, au sud par la mer de l'Indo-Chine, et à l'ouest par le golfe de Siam. Il s'étend depuis le 8e jusqu'au 13e degré de latitude nord, et du 101e jusqu'au 106e degré de longitude est; il est traversé par Mé-Kong ou grand fleuve du Cambodge.

Ce fleuve sort du lac Bou-ka, dans le Tibet, traverse parallèlement aussi tout le Laos, et, arrivé à *Phnôm-Penh*, reçoit les eaux de la rivière d'Udong, qui descend du grand lac Talé-Sab, augmente son volume et se divise en deux bras : l'un à l'ouest, où est situé Winglong, puis Mithò ; l'autre à l'ouest, passant par Chaudoc et Bassack (deux villes annamites où il se fait un grand commerce) dont il prend le nom, et tous deux se dirigent

parallèlement vers la mer en se subdivisant en une
infinité d'arroyos (rivières) qui arrosent toute la partie
sud de la Basse-Cochinchine.

La ville de Phnôm-Penh est située, par conséquent, au
confluent de la rivière d'Odong et du grand fleuve Mé-
Kong.

Le Cambodge est de plus sillonné par de nombreuses
rivières et par des canaux naturels parfaitement navigables pour des bateaux de 150 à 200 tonneaux. A environ 190 lieues de Phnôm-Penh, et en remontant le
grand fleuve, se trouvent. sur la rive gauche, deux rivières qui communiquent avec la Birmanie.

Les habitants de cette contrée, épuisés par les enva-
hissements des souverains leurs voisins, les rois de
Siam et d'Annam, formaient autrefois un état puissant.
Aujourd'hui, ils ne présentent plus qu'un corps hétéro-
gène composé en grande partie de Chinois, de Malais,
de Kiams et d'Annamites, tous sujets cambodgiens. On
y rencontre aussi des descendants de Portugais qui s'y
établirent au commencement du XVIIe siècle. Quant à la
race primitive du pays, confondue avec ces peuples
d'origines diverses,dégénérée par les promiscuités, sans
vitalité et, par conséquent, sans avenir, elle tend tous
les jours à disparaître. Ce pays doit, dans un avenir
très-rapproché, devenir naturellement et forcément
français.

Le chiffre total de la population est loin d'être en rapport avec l'étendue du territoire dont on ne pourrait pas
même déterminer les véritables limites; aucun ouvrage,
aucune carte ne les donne exactement. Il n'y a guère que
les Anglais, il faut leur rendre cette justice, qui jusqu'à
ce jour nous aient donné quelque lumière sur ce sujet,

et encore sont-ils loin de la vérité. Si ce pays était habité dans toutes ses parties, si ses terres étaient partout cultivées, la population s'éleverait à plus de six millions d'habitants : on pourrait y introduire l'émigration chinoise ou indienne.

Si les Anglais sont mieux instruits que nous sur ce qui regarde cette contrée, c'est qu'ils y ont des vues ; ils comprennent toute l'importance d'une semblable possession ; ils ont vu avec un extrême dépit notre arrivée en Cochinchine ; ils l'ont assez manifesté par leurs intrigues à la cour de Siam, sur laquelle ils exercent une grande influence, et s'ils n'agissent pas ouvertement, c'est que notre présence à Saïgon leur en impose un peu.

Cependant, à la mort de Ong-Duong, dernier roi du Cambodge, le *Civata*, le plus jeune des trois fils du roi, de concert avec la mission, s'armant contre son frère aîné *Obbarach*, pour s'emparer du trône, ce sont eux, les Anglais, dis-je, qui ont conseillé au roi de Siam de laisser agir le prince Civata, et lorsque la révolte a été bien allumée, ils ont fait demander les deux prétendants à Bang-Kok, laissant les révoltés sous les ordres de deux habiles mandarins (Senong-Soo et Comheng-Jotha) qu'ils appuyaient secrètement. Ce n'est qu'après six mois de guerres fratricides, quand la plupart des villes furent pillées et incendiées que sous le vain prétexte d'apaiser la révolte, la cour de Siam se décida à envoyer le général *Pia-Pimuth* avec 10,000 hommes à *Battombong*. Ce général, dont la seule présence dans l'intérieur du pays eût suffi pour rétablir l'ordre, se contenta, conformément à ses instructions, de rester sur la frontière ; et ce ne fut que sept autres mois après, lorsqu'ayant été arrêté moi-même, pillé et menacé de mort (j'en ai la preuve entre les mains), je m'apprêtais à combattre les révoltés, qu'il accourut à Udong, non pas pour me protéger, comme je le supposais d'abord, mais pour fournir des armes aux révoltés.

J'ai en ma possession tous les documents et pièces justificatives, qui prouvent d'une manière authentique la conduite que j'ai tenue au Cambodge. J'ose donc espérer que cette fois la calomnie me laissera tranquille. Sans cela je me verrais dans la fâcheuse nécessité de m'adresser aux tribunaux, malgré mon désir de garder le silence.

Ainsi que le prouvent les lettres trouvées par moi dans la correspondance des rebelles, le roi de Siam n'avait qu'un but : détruire le pays, faire disparaître les trois princes, déclarer le Cambodge province siamoise et la vendre aux Anglais.

C'est pour cela que, lors de la première défaite des rebelles (23 février 1862), le consul de France à Bang Kok ayant proposé un traité de commerce avec le Cambodge, il lui fut répondu qu'il était impossible d'établir aucun traité, attendu qu'il n'y avait pas de roi, et le consul ayant aplani cette difficulté en disant : « Puisqu'il n'y a pas de roi, nous en mettrons un, » le roi de Siam, d'après les conseils des Anglais, s'empressa d'envoyer dans ses états le prince Obbarach, héritier légitime du Cambodge dans la crainte de voir la France nommer un roi de son choix.

C'est ainsi que le roi Obbarach rentra dans son royaume toujours en pleine révolte, avec la condition expresse de n'avoir aucune relation avec les Français.

Cependant le roi du Cambodge, comprenant parfaitement les intrigues de la cour de Siam, instruit par moi

des avantages qu'il aurait à se débarrasser de cette op-
pression tyrannique (déjà je venais d'intimer l'ordre au
général siamois de quitter le Cambodge avec ses 10,000
hommes), et reconnaissant d'ailleurs les services que je
lui rendis plus tard en étouffant une seconde fois la révolte, ne m'en accorda pas moins toute sa confiance
(*quoi qu'aient pu dire MM. les Missionnaires*), ainsi que le
prouvent toutes ses lettres que j'ai entre les mains avec
avec celles de ses principaux mandarins.

Aujourd'hui, ce même prince, sacré roi du Cambodge
sous le nom de *Som-Deach*, Pra-Norodon s'est placé vo-
lontairement, et sans consulter le roi de Siam, sous la
protection de la France. C'est déjà un grand pas, il est
vrai, mais cette question n'est pas encore vidée !...

Le *Constitutionnel* et la *Patrie* rapportaient dernière-
ment « que le voyage que le roi *Som-Deach, Pra Norodon*, venait de faire à Saïgon, était la preuve évidente
qu'il n'existait aucun traité secret entre le souverain et
la cour de Bang-Kog pour récuser à un moment donné
le protectorat français et annexer le Cambodge au
royaume de Siam ».

Pour nous, qui connaissons depuis longtemps cette
politique tortueuse et mensongère des rois de Siam,
soutenue par les Anglais, et qui depuis notre retour en
France correspondons avec ceux qui sont restés nos
amis quand même, cette manifestation du souverain
cambodgien prouve, au contraire, que l'intrigue tra-
vaille plus que jamais à nous enlever le Cambodge, et elle
y arrivera si nous continuons à tourner dans ce dédale
d'incertitudes et de décisions tardives. Qui prouve que
ce voyage n'est par une manœuvre adroite pour donner
le change ?....

Loin de nous la pensée d'accuser le roi Norodon d'être de mauvaise foi. Non ! Il est Français par le cœur ; mais élevé à Bang-Kok, il a une peur terrible des Siamois, dont l'influence, corroborée par celle des Anglais, se fait plus fortement sentir sur lui que la nôtre. Et si un traité secret existe entre Norodon et Luong-Prekiaô (c'est ainsi que les Cambodgiens appellent le roi de Siam), c'est la crainte seule qui le lui aura arraché; et alors il se gardera bien d'en dire un seul mot; mieux encore, tous ses actes tendront à faire supposer le contraire. En agissant autrement, il sait trop bien ce qui lui arriverait.

S'il nous était permis de tout dire, nous démontrerions que ce pauvre souverain agit encore sous la pression d'une influence occulte non moins puissante que celles que nous venons d'indiquer, et qui, elle aussi, malgré ses apparences de dévouement à la France, voudrait bien maintenir le Cambodge dans cet état de délabrement ; mais nous souleverions un monde de doutes et nous pourrions ne pas être cru.

Au commencement de 1863, nous écrivions ces lignes : « Un jour peut-être le gouvernement français, fatigué des soulèvements continuels des indigènes, de ce déplorable pêle-mêle d'impuissance à l'œuvre (commercialement parlant), de cette résistance occulte d'un parti dont les efforts tendent à faire échouer les projets de l'Empereur sur cette fertile contrée ; le gouvernement, disons-nous, se posera cette question : Faut-il garder ou abandonner une conquête qui nous coûte beaucoup et où il ne paraît exister rien de sérieux et de durable ?

En ce qui concerne le Cambodge, nous disions aussi: Il faut se hâter de faire un traité avec ce pays et ne pas se fier à la cour de Siam. Les Anglais sont là ; ils y ont une grande influence et convoitent aussi le Cambodge, où ils peuvent pénétrer et s'installer sans passer par les possessions françaises de la Basse-Cochinchine, par Compôt (port cambodgien à 20 lieues de Phnòm-Penh), par le fleuve de Bassack et par Battombong, en passant sur le territoire siamois.

Les faits qui se sont passés depuis nous ont donné raison. Cependant, confiant dans la haute appréciation de Son Excellence M. le marquis de Chasseloup-Laubat, ministre de la marine et des colonies, nous n'avons jamais douté qu'on maintînt le traité de M. le vice-amiral Bonard. Car si nous abandonnions la Cochinchine en ne gardant Saïgon et Mithô que comme comptoirs, le lendemain, les Anglais entreraient dans le fleuve de *Bassack* (bras ouest du Mé-Kong), pénétreraient dans les villes de *Bassack*, *Hatien*, *Chaudoc*, *Winglong*, s'y installeraient et feraient bientôt naître une occasion de s'emparer militairement de cette partie la plus riche et la plus productive de la Basse-Cochinchine.

Maintenant, nous pouvons prévoir ce qui arriverait au Cambodge si la France n'y prenait garde.

Le Roi est entouré de kalouons siamois (mandarins chargés d'une mission secrète) qui surveillent tous ses faits et gestes et en rendent compte à leur gouvernement. Eh bien ! si ce souverain devient par trop français, on s'en *débarrassera :* un de ses frères lui succédera et récusera, en montant sur le trône, le protectorat français.

La cour de Bang-Kok est trop intéressée à maintenir, par tous les moyens possibles, ses droits sur le Cambodge. Ce pays fournit au roi de Siam ses plus belles soieries et une grande partie de ses produits. De plus, les Siamois tirent leurs métaux du Laos. Or, le Cambodge, exploité par le commerce français, le Laos ne tarderait pas à l'être également. Alors, les Laotiens, trouvant enfin une voie sûre par laquelle ils pourraient écouler leurs produits et se procurer, en échange, un bien-être matériel, suivront l'exemple des Cambodgiens, en réclamant aussi la protection de la France.

Quant aux Anglais, ils comprennent que, par le Cambodge, en remontant le grand fleuve, on entre dans le Laos; que du Laos on pénètre facilement en Birmanie, leur ennemie naturelle, et que, de là, on n'a qu'un pas à faire pour entrer dans l'Inde.

Nous avons déjà dit que plusieurs brochures avaient été publiées sur la Cochinchine.

Unanimes sur la question du maintien de notre conquête, chacune d'elles démontre, à sa manière, la politique à employer pour arriver à un résultat sérieux. Suivant nous, la seule politique à suivre est celle-ci :

Faire de la Basse-Cochinchine une colonie et non un comptoir, donner une liberté entière au commerce; maintenir quand même nos droits sur le Cambodge ; attirer dans ce royaume, par des avantages, les négociants français; pénétrer dans le Laos, y faire de nombreuses excursions, afin de montrer souvent notre pavillon aux yeux émerveillés de ces peuples ; envoyer en ces contrées des agents secrets assez intelligents pour capter la confiance de ces indigènes et les amener à réclamer eux-mêmes la protection française; ensuite, favoriser matériellement et donner des garanties sérieuses aux industriels, aux négociants français disposés à sacrifier leur vie pour jeter les fondements d'une colonie; puis, tout en les maintenant dans les limites du droit et de la justice, leur accorder toute liberté. Les choses iraient d'elles-mêmes , et ce serait le seul moyen de faire cesser l'incertitude, d'arriver rapidement à la solution complète de cette importante question. — Seulement alors on verrait surgir tout-à-coup une colonie prospère, puissante, inattaquable.

Inattaquable parce que, suivant l'opinion de l'auteur du traité du 5 juin 1862, M. le vice-amiral Bonard, qui a compris depuis longtemps toute l'importance d'une pareille conquête, la Cochinchine française, par sa position topographique et par la nature de ses côtes, est imprenable.

Laos.

Le Laos, appelé par les Annamites provinces d'or, est borné au nord par le Tong-Kin et l'empire des Birmans, à l'est par la Cochinchine propre, au sud par le Cambodge et à l'ouest par le royaume de Siam ; il s'étend depuis le 13ᵉ jusqu'au 21ᵉ degré de latitude nord, et du 101ᵉ jusqu'au 106ᵉ degré de longitude est. Sa population, sans nationalité, présente un composé de différents peuples, la plupart tributaires des souverains, leurs voisins, *qui n'ont aucun droit légal à revendiquer;* les autres, indépendants, vagabonds, formant des espèces de clans conduits par des chefs. Néanmoins, il y a un Roi au Laos qui habite Tang-Laô, capitale et ville importante, située sur la rive droite du Mé-Kong, à 75 lieues de Phnôm-Penh.

Avant l'occupation française à Saïgon, les Laotiens descendaient en foule au Cambodge, par le grand fleuve, y apporter leurs produits. Depuis, les Français ont été peints à leurs yeux sous des couleurs tellement sombres que toutes relations ont cessé, malgré le désir qu'ils manifestaient d'être en rapport avec nous.

Ce pays, ainsi que le désigne son ancienne dénomination (Provinces d'or), abonde en minéraux de ce nom et en une infinité de produits consignés dans la partie commerciale. Avec la possession ou le concours du Cambodge et du Laos, on aurait, dans ces contrées, une colonie qui rivaliserait avantageusement avec l'Inde et nous rendraient maîtres de tout le pays, jusqu'aux frontières de la Chine.

D'autre part, l'Annam tire ses métaux du Laos, et ses principaux aliments, tels que : *poissons salés, riz, sel*, etc., du Cambodge et de la province de Bassack. Or, en fondant au Cambodge une colonie dont les commerçants accapareraient tous les produits de ces contrées, l'importance annamite tomberait d'elle-même. En outre, la Haute-Cochinchine, se trouvant enclavée entre la Basse-Cochinchine, le Cambodge et le Laos, que nous commanderions, et la mer, serait neutralisée dans tous ses mouvements politiques et commerciaux. Elle deviendrait à un moment donné, sans tirer un coup de fusil, tributaire de la France. Et, en peu de temps, les Laotiens et Cambodgiens, réunis en une seule famille, liés par des rapports constants et des intérêts majeurs, se façonneraient rapidement à nos mœurs ; ils prendraient un caractère d'homogénéité qui deviendrait le premier élément de leur force nouvelle ; ils trouveraient un bien-être et une richesse qu'ils ont depuis longtemps perdus ; et le roi du Cambodge, conseillé, inspiré par un homme intelligent qui lui ferait apprécier les heureux résultats obtenus par ses liaisons avec une nation aussi puissante que la France, son bonheur présent, comparativement à ses malheurs passés , sa position indéterminée, toujours en butte aux vexations de la cour de Siam ; peut-être, disons-nous, le Roi con- sentirait-il à abdiquer une royauté chancelante en faveur de la France dans des conditions raisonnables.

Quant au royaume de Siam, il se trouverait à son tour enclavé entre ces mêmes provinces du Cambodge et du Laos, et l'empire des Birmans avec lesquels il est en- nemi et qui au contraire sympathisent et désirent être en relations avec nous ; Siam, disons-nous, serait comme la Haute-Cochinchine, dans la même impossibilité de bouger en cas d'événements. En outre, la Birmanie, en- nemie naturelle des Anglais et voisine de leurs posses- sions de l'Inde, saisirait cette occasion pour rompre ses relations commerciales avec eux, en dirigeant ses pro- duits sur le Laos, qui touche à ses frontières de l'est.

En cas d'hostilités, la Birmanie, donnant la main au Laos, réunirait ses forces aux nôtres, et nous comman- derions ainsi toute la péninsule.

Si au contraire nous abandonnions ce pays aux intri- gues des Anglais, avant peu ils s'y installeraient en maîtres ; Saïgon deviendrait comme Pondichéry, un misérable bourg assis aux portes d'un empire florissant, et les rôles que nous avons exposés seraient intervertis. La Cochinchine, resserrée entre le Cambodge et le Laos, serai envahie par le commerce anglais, et la Birmanie, enclavée entre les possessions anglaises de l'Inde, Siam et le Laos, serait encore une vassale de Londres.

Et c'est parce que nous avons parfaitement compris tout cela que nous avons conçu le projet de former une

Compagnie française sous le titre de Compagnie générale de l'Indo-Chine.

Cette Compagnie est en voie de formation, elle n'attend plus pour se constituer que la solution définitive et officielle du traité Aubaret.

Un capital de 1,500,000 fr. étant plus que suffisant pour commencer les opérations, attendu qu'on peut faire au Cambodge avec un million ce qu'on ne ferait pas avec dix millions partout ailleurs, nous avons voulu éviter de faire un appel de fonds par la voie de la publicité afin de ne point éveiller l'attention de capitaux étrangers.

Une partie du capital est déjà souscrit, le reste viendra aussitôt que la Compagnie aura la certitude d'obtenir quelques priviléges indispensables pour arriver à une réussite certaine dans un pays si peu connu du public.

Nous terminerons cet opuscule en indiquant le but et l'objet de la Compagnie.

COMPAGNIE GÉNÉRALE DE L'INDO-CHINE

Pour la fondation de Comptoirs et Factoreries dans le royaume du CAMBODGE *et le pays des* LAOS.

But et Objet.

La Compagnie générale de l'Indo-Chine, créée sur les indications fournies par M. Gelley, a pour but la fondaion d'une colonie française dans le royaume du Cambodge et le pays des Laos. Elle a pour objet l'exportation dans cette partie de l'Asie de tous les produits français, le commerce des échanges, l'établissement des factoreries sur tous les points importants du grand fleuve Mé-Kong et des cours d'eau navigables; la culture du coton, l'élévation des vers à soie, l'exploitation des mines et enfin le commerce spécial de la pêche.

—

Moyens d'action.

La Compagnie commence ses opérations avec un capital de 1,500,000 fr. Elle a l'intention de débuter par le commerce de la pêche comme étant l'exploitation la plus prompte et la plus réalisable pour un début.

Aussitôt faite, cette première partie de la campagne, la Compagnie avisera successivement à la découverte et à la création de nouvelles industries qui pourront être exploitées, et dont l'exploitation réclamera de nouveaux bras et de nouveaux capitaux.

Toutes les industries qu'il serait impossible de prévoir ici, par exemple des usines ou autres établissements destinés à transformer les matières premières, seront également l'objet d'études spéciales, pour être mises en exploitation, selon l'opportunité et les avantages qui auront été démontrés.

La Société se réserve en un mot la création d'une colonie éminemment française, n'admettra dans son personnel que des nationaux et des indigènes, et mettra tous ses efforts à constituer, au profit et sous le protectorat de la France, un centre d'action industriel et commercial aussi riche et plus puissant que ne le sont les grandes Indes pour l'Angleterre.

———

Observations générales.

Le siége principal sera à *Phnom-Penh*. D'autres sous-comptoirs seront également établis sur des points qui seront désignés ultérieurement.

Ainsi placés, tous ces comptoirs travaillant simultanément sur un réseau de plus de 400 lieues, couvrant tout le Cambodge et le Laos jusqu'aux frontières de la Birmanie et du Tong-Kin, accapareront tout le commerce tant intérieur qu'extérieur de cette partie de l'Asie, si riche en produits et en métaux. Les indigènes, trouvant un large débouché et un lucre raisonnable, accoureront en foule vers nos comptoirs pour y opérer leurs échanges. Et bientôt l'on verra ce sol si fécond se douvrir de riches plantations de coton, de tabac et d'indigo ; le ver à soie s'y multipliera indéfiniment ; les gommes et les cires seront recueillies, et la Métropole trouvera là un grenier d'abondance plus que suffisant pour alimenter nos marchés.

Ainsi qu'on peut le voir par ce simple exposé, la Compagnie amassera des richesses immenses et le gouvernement local qui devra la protéger d'une manière toute particulière, trouvera sa récompense dans les bénéfices énormes qui lui incomberont.